Día Diferente

Libros Para Niños 10 A 12 Años | Vol -1 | Sustracción

ActivityCrusades

Publicado por Speedy Publishing Canada Limited

ActivityCrusades
activity books

SUSTRACCIÓN

1

Encuentra el número que falta.

Ex.

1) **98** - 42 = 56

2) 58 - __ = 3

3) __ - 48 = 24

4) __ - 37 = 62

5) __ - 56 = 24

6) 91 - __ = 16

7) 89 - __ = 30

8) __ - 50 = 45

9) __ - 37 = 20

10) __ - 49 = 30

11) 81 - __ = 27

12) 79 - __ = 4

1) __ - 80 = 12

2) __ - 63 = 33

3) 90 - __ = 55

4) __ - 58 = 2

5) 91 - __ = 11

6) 45 - __ = 5

7) __ - 58 = 7

8) 97 - __ = 11

9) __ - 85 = 12

10) 51 - __ = 17

11) 89 - __ = 10

12) __ - 56 = 14

(3)

1) 66 - __ = 8

2) __ - 64 = 17

3) __ - 60 = 26

4) 79 - __ = 31

5) 85 - __ = 46

6) __ - 51 = 24

7) __ - 48 = 9

8) 46 - __ = 1

9) 93 - __ = 38

10) __ - 38 = 12

11) __ - 46 = 39

12) 59 - __ = 3

1) 99 - __ = 19

2) 68 - __ = 19

3) __ - 35 = 48

4) __ - 36 = 36

5) __ - 30 = 58

6) __ - 51 = 2

7) 74 - __ = 8

8) __ - 49 = 15

9) 59 - __ = 28

10) __ - 58 = 21

11) 94 - __ = 24

12) __ - 66 = 7

1) __ - 47 = 51

2) __ - 41 = 20

3) 96 - __ = 17

4) __ - 84 = 7

5) __ - 38 = 1

6) __ - 42 = 24

7) 82 - __ = 26

8) 77 - __ = 28

9) 60 - __ = 22

10) __ - 38 = 58

11) 99 - __ = 25

12) 64 - __ = 14

1) 90 - ___ = 26

2) ___ - 84 = 11

3) 51 - ___ = 16

4) 90 - ___ = 40

5) ___ - 62 = 21

6) 92 - ___ = 31

7) 47 - ___ = 15

8) 94 - ___ = 21

9) ___ - 49 = 50

10) 97 - ___ = 58

11) ___ - 38 = 40

12) ___ - 51 = 5

1) 48 - __ = 2

2) 99 - __ = 11

3) __ - 50 = 22

4) 71 - __ = 5

5) __ - 40 = 40

6) 73 - __ = 25

7) 73 - __ = 2

8) __ - 46 = 38

9) 63 - __ = 26

10) __ - 40 = 59

11) 92 - __ = 27

12) 61 - __ = 14

1) __ - 55 = 7

2) __ - 91 = 1

3) 89 - __ = 57

4) __ - 50 = 41

5) 87 - __ = 17

6) __ - 64 = 9

7) 89 - __ = 34

8) 84 - __ = 23

9) 62 - __ = 23

10) __ - 42 = 10

11) 62 - __ = 31

12) 59 - __ = 11

1) ___ - 63 = 23

2) 96 - ___ = 58

3) 94 - ___ = 27

4) ___ - 57 = 3

5) ___ - 80 = 7

6) ___ - 51 = 16

7) 96 - ___ = 51

8) 82 - ___ = 9

9) 84 - ___ = 34

10) ___ - 55 = 4

11) 77 - ___ = 29

12) 49 - ___ = 3

1) $81 - \underline{\quad} = 5$

2) $\underline{\quad} - 34 = 25$

3) $76 - \underline{\quad} = 16$

4) $\underline{\quad} - 35 = 38$

5) $\underline{\quad} - 34 = 65$

6) $79 - \underline{\quad} = 38$

7) $79 - \underline{\quad} = 34$

8) $\underline{\quad} - 53 = 26$

9) $86 - \underline{\quad} = 1$

10) $75 - \underline{\quad} = 35$

11) $78 - \underline{\quad} = 23$

12) $\underline{\quad} - 72 = 15$

1) 98 - __ = 30

2) 55 - __ = 25

3) 99 - __ = 8

4) 58 - __ = 4

5) 93 - __ = 16

6) __ - 56 = 13

7) __ - 31 = 39

8) __ - 48 = 20

9) __ - 53 = 33

10) 87 - __ = 30

11) __ - 51 = 15

12) 53 - __ = 5

1) __ - 45 = 51

2) 79 - __ = 12

3) __ - 35 = 15

4) 73 - __ = 18

5) __ - 47 = 50

6) __ - 44 = 31

7) __ - 30 = 21

8) __ - 77 = 6

9) 93 - __ = 12

10) __ - 53 = 33

11) 81 - __ = 14

12) 72 - __ = 20

Resta relativa a la suma.
Determine qué número responde correctamente ambas ecuaciones.

Ex.

1) $\underline{\quad 2 \quad} + 9 = 11$

$11 - 9 = \underline{\quad 2 \quad}$

2) $\underline{\qquad} + 1 = 5$

$5 - 1 = \underline{\qquad}$

3) $\underline{\qquad} + 2 = 20$

$20 - 2 = \underline{\qquad}$

4) $\underline{\qquad} + 12 = 17$

$17 - 12 = \underline{\qquad}$

5) $\underline{\qquad} + 1 = 20$

$20 - 1 = \underline{\qquad}$

6) $\underline{\qquad} + 4 = 6$

$6 - 4 = \underline{\qquad}$

7) $\underline{\qquad} + 5 = 14$

$14 - 5 = \underline{\qquad}$

8) $\underline{\qquad} + 17 = 19$

$19 - 17 = \underline{\qquad}$

9) $\underline{\qquad} + 1 = 19$

$19 - 1 = \underline{\qquad}$

10) $\underline{\qquad} + 16 = 18$

$18 - 16 = \underline{\qquad}$

1) _____ + 13 = 18
18 - 13 = _____

2) _____ + 1 = 15
15 - 1 = _____

3) _____ + 4 = 19
19 - 4 = _____

4) _____ + 2 = 20
20 - 2 = _____

5) _____ + 5 = 12
12 - 5 = _____

6) _____ + 10 = 17
17 - 10 = _____

7) _____ + 14 = 17
17 - 14 = _____

8) _____ + 2 = 13
13 - 2 = _____

9) _____ + 3 = 12
12 - 3 = _____

10) _____ + 14 = 18
18 - 14 = _____

1) _____ + 5 = 18
   18 - 5 = _____

2) _____ + 3 = 19
   19 - 3 = _____

3) _____ + 5 = 17
   17 - 5 = _____

4) _____ + 10 = 13
   13 - 10 = _____

5) _____ + 2 = 20
   20 - 2 = _____

6) _____ + 14 = 17
   17 - 14 = _____

7) _____ + 8 = 16
   16 - 8 = _____

8) _____ + 2 = 17
   17 - 2 = _____

9) _____ + 6 = 19
   19 - 6 = _____

10) _____ + 7 = 20
    20 - 7 = _____

1) _____ + 1 = 18

18 - 1 = _____

2) _____ + 7 = 9

9 - 7 = _____

3) _____ + 14 = 18

18 - 14 = _____

4) _____ + 1 = 7

7 - 1 = _____

5) _____ + 1 = 12

12 - 1 = _____

6) _____ + 2 = 16

16 - 2 = _____

7) _____ + 15 = 19

19 - 15 = _____

8) _____ + 11 = 16

16 - 11 = _____

9) _____ + 3 = 18

18 - 3 = _____

10) _____ + 4 = 14

14 - 4 = _____

1) _____ + 1 = 9
9 - 1 = _____

2) _____ + 10 = 12
12 - 10 = _____

3) _____ + 1 = 17
17 - 1 = _____

4) _____ + 3 = 18
18 - 3 = _____

5) _____ + 3 = 13
13 - 3 = _____

6) _____ + 2 = 17
17 - 2 = _____

7) _____ + 3 = 9
9 - 3 = _____

8) _____ + 4 = 11
11 - 4 = _____

9) _____ + 13 = 17
17 - 13 = _____

10) _____ + 2 = 9
9 - 2 = _____

1) _____ + 6 = 20
   20 - 6 = _____

2) _____ + 2 = 11
   11 - 2 = _____

3) _____ + 2 = 17
   17 - 2 = _____

4) _____ + 1 = 18
   18 - 1 = _____

5) _____ + 2 = 5
   5 - 2 = _____

6) _____ + 1 = 20
   20 - 1 = _____

7) _____ + 6 = 16
   16 - 6 = _____

8) _____ + 7 = 17
   17 - 7 = _____

9) _____ + 3 = 18
   18 - 3 = _____

10) _____ + 8 = 20
    20 - 8 = _____

1) _____ + 1 = 20
20 - 1 = _____

2) _____ + 3 = 6
6 - 3 = _____

3) _____ + 1 = 19
19 - 1 = _____

4) _____ + 4 = 7
7 - 4 = _____

5) _____ + 3 = 18
18 - 3 = _____

6) _____ + 6 = 11
11 - 6 = _____

7) _____ + 6 = 12
12 - 6 = _____

8) _____ + 11 = 19
19 - 11 = _____

9) _____ + 16 = 18
18 - 16 = _____

10) _____ + 5 = 10
10 - 5 = _____

1) _____ + 4 = 16
16 - 4 = _____

2) _____ + 5 = 8
8 - 5 = _____

3) _____ + 5 = 11
11 - 5 = _____

4) _____ + 1 = 20
20 - 1 = _____

5) _____ + 2 = 15
15 - 2 = _____

6) _____ + 12 = 20
20 - 12 = _____

7) _____ + 10 = 18
18 - 10 = _____

8) _____ + 3 = 19
19 - 3 = _____

9) _____ + 2 = 5
5 - 2 = _____

10) _____ + 2 = 17
17 - 2 = _____

1) _____ + 6 = 20

20 - 6 = _____

2) _____ + 1 = 20

20 - 1 = _____

3) _____ + 9 = 19

19 - 9 = _____

4) _____ + 8 = 18

18 - 8 = _____

5) _____ + 2 = 20

20 - 2 = _____

6) _____ + 1 = 19

19 - 1 = _____

7) _____ + 3 = 15

15 - 3 = _____

8) _____ + 15 = 17

17 - 15 = _____

9) _____ + 1 = 5

5 - 1 = _____

10) _____ + 2 = 12

12 - 2 = _____

1) _____ + 1 = 20
   20 - 1 = _____

2) _____ + 7 = 12
   12 - 7 = _____

3) _____ + 4 = 19
   19 - 4 = _____

4) _____ + 6 = 19
   19 - 6 = _____

5) _____ + 2 = 17
   17 - 2 = _____

6) _____ + 12 = 19
   19 - 12 = _____

7) _____ + 17 = 19
   19 - 17 = _____

8) _____ + 1 = 9
   9 - 1 = _____

9) _____ + 4 = 6
   6 - 4 = _____

10) _____ + 3 = 6
    6 - 3 = _____

1) _____ + 3 = 20
    20 - 3 = _____

2) _____ + 10 = 19
    19 - 10 = _____

3) _____ + 1 = 11
    11 - 1 = _____

4) _____ + 3 = 13
    13 - 3 = _____

5) _____ + 6 = 8
    8 - 6 = _____

6) _____ + 7 = 12
    12 - 7 = _____

7) _____ + 2 = 17
    17 - 2 = _____

8) _____ + 1 = 19
    19 - 1 = _____

9) _____ + 2 = 20
    20 - 2 = _____

10) _____ + 1 = 20
    20 - 1 = _____

1) _____ + 6 = 19
   19 - 6 = _____

2) _____ + 1 = 14
   14 - 1 = _____

3) _____ + 4 = 16
   16 - 4 = _____

4) _____ + 3 = 15
   15 - 3 = _____

5) _____ + 1 = 19
   19 - 1 = _____

6) _____ + 1 = 20
   20 - 1 = _____

7) _____ + 9 = 20
   20 - 9 = _____

8) _____ + 4 = 10
   10 - 4 = _____

9) _____ + 6 = 16
   16 - 6 = _____

10) _____ + 3 = 18
    18 - 3 = _____

25

Resuelve los siguientes problemas.

Ex.

1)
$$7,435 - 3,021 = 4,414$$

2)
$$5,277 - 3,736$$

3)
$$2,537 - 1,949$$

4)
$$1,647 - 1,030$$

5)
$$7,207 - 4,198$$

6)
$$6,115 - 5,526$$

7)
$$9,700 - 2,919$$

8)
$$6,141 - 3,505$$

9)
$$2,195 - 1,271$$

10)
$$6,334 - 4,254$$

1) 8,150
  - 1,474

2) 3,806
  - 2,715

3) 3,916
  - 3,602

4) 5,393
  - 3,018

5) 3,707
  - 1,930

6) 7,422
  - 2,430

7) 2,636
  - 1,337

8) 6,677
  - 2,808

9) 4,825
  - 3,562

10) 7,714
  - 3,306

1)   1,585
   - 1,276

2)   6,298
   - 5,900

3)   1,210
   - 1,183

4)   1,417
   - 1,110

5)   3,212
   - 2,537

6)   4,969
   - 2,024

7)   5,455
   - 3,980

8)   9,932
   - 2,336

9)   7,644
   - 3,937

10)   1,367
   - 1,295

1)   5,279
   - 2,516

2)   2,634
   - 2,577

3)   6,751
   - 2,784

4)   3,933
   - 2,945

5)   4,326
   - 1,063

6)   4,341
   - 2,271

7)   4,792
   - 2,260

8)   4,590
   - 2,194

9)   1,962
   - 1,670

10)   7,337
   - 1,655

1) 8,625
  - 8,421

2) 2,143
  - 1,653

3) 3,627
  - 2,097

4) 4,718
  - 3,942

5) 1,351
  - 1,345

6) 1,122
  - 1,059

7) 5,998
  - 4,985

8) 6,719
  - 3,156

9) 9,993
  - 7,318

10) 3,922
  - 3,539

1)
```
  1,492
- 1,065
```

2)
```
  9,272
- 2,052
```

3)
```
  5,332
- 1,212
```

4)
```
  2,593
- 2,550
```

5)
```
  3,174
- 1,571
```

6)
```
  6,861
- 5,533
```

7)
```
  9,276
- 6,863
```

8)
```
  5,445
- 1,527
```

9)
```
  3,509
- 1,420
```

10)
```
  6,753
- 4,718
```

1) 3,481
− 1,091

2) 2,738
− 1,355

3) 9,117
− 6,234

4) 5,072
− 4,386

5) 1,005
− 1,004

6) 8,320
− 8,224

7) 4,208
− 2,419

8) 3,794
− 1,264

9) 4,824
− 1,860

10) 9,589
− 9,479

1)   4,681
   - 1,609

2)   6,494
   - 4,809

3)   8,488
   - 6,623

4)   6,590
   - 2,337

5)   8,397
   - 3,387

6)   1,907
   - 1,805

7)   2,820
   - 2,248

8)   5,493
   - 1,203

9)   6,265
   - 1,466

10)   1,478
   - 1,053

33

1)   3,018
   - 2,697

2)   4,555
   - 2,900

3)   4,856
   - 2,125

4)   3,593
   - 2,884

5)   5,290
   - 4,595

6)   8,189
   - 3,229

7)   8,243
   - 4,907

8)   3,561
   - 1,098

9)   8,460
   - 4,691

10)   9,187
   - 1,997

1)   4,398
    - 3,408

2)   5,211
    - 1,527

3)   1,835
    - 1,499

4)   2,992
    - 2,125

5)   8,857
    - 3,752

6)   4,155
    - 3,799

7)   6,873
    - 4,695

8)   1,458
    - 1,071

9)   8,049
    - 5,137

10)   4,419
    - 2,259

1)   1,716
   - 1,279

2)   6,985
   - 2,496

3)   9,046
   - 1,016

4)   7,595
   - 5,302

5)   4,357
   - 3,839

6)   2,215
   - 1,976

7)   7,047
   - 3,056

8)   3,115
   - 1,863

9)   8,977
   - 8,150

10)   3,994
   - 3,443

1)   5,117
   - 4,783

2)   3,712
   - 3,074

3)   1,574
   - 1,096

4)   4,179
   - 4,111

5)   7,735
   - 6,474

6)   2,814
   - 1,110

7)   8,424
   - 1,798

8)   2,041
   - 1,443

9)   4,055
   - 3,281

10)   2,018
   - 1,054

37

Encuentra los dígitos perdidos.

Ex.

```
  7218          5_5_          9_9_          7_64
- 4130        - 4790        - 9784        - _72_
  3088          569           112          62_4
```

```
  _7_7          9_04          7527          8343
- 4_8_        - _9_1        - 27_2        - 43_2
  4897          495_          4_2_          3_8_
```

```
  9_56          25_3          _7_2          7584
- 52_5        - _169        - 753_        - 1_2_
  414_          344           2_25          62_6
```

```
   39_7          7_95          7_71          8379
-  _891       -  _8_1       -  _08_       -  4_6_
    46          190_          24_5          _9_8
```

```
   _19_          _69_          7_88          95_8
-  1_58       -  1_80       -  _5_3       -  1_0_
   60_3          28_1          311_          8094
```

```
   8542          8_09          _46_          99_5
-  4_4_       -  340_       -  4_12       -  609_
   _3_1          47_6          38_7          3_40
```

```
  4468          _68_         84_5          _71_
- 21_7        - 4_38       - 3_63        - 2_74
  2_4_          45_3         488_          15_6
```

```
  _53_          _95_         8_3_          4_4_
- 18_8        - 22_6       - 23_8        - 32_5
  3_04          4_15         6331          1130
```

```
  79_0          _996         63_9          7414
- 4_7_        - 64_1       - 3_2_        - 33_8
  3077          3_5_         2641          4_0_
```

```
   _5_7           7_4_           5_48           _40_
-  515_        -  40_5        -  _7_5        -  16_7
   3_37           3866           813           4_66
```

```
   _96_           9_3_           5_5_           _062
-  14_2        -  12_0        -  1527        -  39_0
   7_94           8571           38_6           4_0_
```

```
   _134           _1_5           8_72           94_1
-  49_0        -  418_        -  _2_7        -  3_39
   1_1_           2_38           135           563_
```

```
  96_6          6_5_         _690          5_6_
-  _142       - 60_4       - 65_9       -  _4_3
  8_3_          951          2_3_         2270


  3_4_          _27_         91_9         70_2
- 2709        - 68_5       - 8_4_       - 2001
  _1_6          407          425          5_6_


  8_59          _5_2         4_7_         42_9
- 69_5        - 7_7_       - 28_8       - 2_2_
  151_          302          1429         1929
```

```
    23_          737_          41_          6_33
-  3_59       -  42_8      -  40_6      -  _90_
   51_0          3_80         4_81         529
```

```
   61_1          8_9_          52_          9_38
-  237_       -  3191      -  2_84      -  _3_2
   3_34          52_8         26_6         205_
```

```
   61_8          8_77         373_         89_3
-  2_52       -  _33_      -  2_42      -  8732
   350_          39_7         893          241
```

```
    9972          _9_5          9_2_          9231
 -  4_0_       -  7_8_       -  _3_0       - 52_9
    55_4          1452          335          3_6_
```

```
    4_77          33_3          2261          5_03
 -  161_       -  2131       -  12_3       -  _4_2
    32_8          1_3_          998           91
```

```
    60_6          70_8          _36_          _78_
 -  3_17       -  107_       -  17_7       -  36_3
    228_          5_82          1_64          110
```

```
  36_9        58_7        85_0        4_62
-  3_12      -  _571     -  1_26     -  _9_1
   317         3_7_        _36_        181_


  6_04        879_        50_4        _181
- 152_       -  7_47     -  2_64     - 59_4
  45_4         17_2        _24_        1_2_


  4266        72_7        73_9        _88_
-  39_4      -  422_     -  2134     - 20_6
   342          3_48        5_0_        7_80
```

```
   _0_1          9_73          5_50          9_61
-  378_       -  _2_6      -   26_8      -   _93_
   5_75          836_          293_          72_1


   810_          _67_          9_4_          52_7
-  78_7      -   29_2      -   4598      -   5_11
   223           4_69          47_6          226


   44_5          9870          _8_6          1_4_
-  _072      -   54_6      -   1_2_      -   _4_1
   353           4_4_          5805          25
```

46

```
   5_62          8_8_          91_7          97_9
 - _4_6        - _1_7        - 7_1_        - 3859
  265_          5222          1234          5_5_


   8_0_          77_6          7_6_          9089
 - _8_3        - 625_        - _1_9        - 40_2
  3223          1_30          1558          5_1_


   _3_4          6_01          24_9          _01_
 - 183_        - 107_        - 2_87        - 59_1
  4_66          53_0           32            53
```

```
   7_77          8617          572_           8_5_
-  _0_9        - 2_5_        - 46_4         - 2455
   512_          60_3          1_85           62_7
```

```
   _45_          3_6_          8_75           9_4_
- 10_2         - 1221        - 144_         - 2710
   2_14          23_7          70_4           67_2
```

```
   7_65          4_95           _34_          9837
-  _63_        - _16_        - 48_8         - 7_3_
   63_1          10_1           448           24_8
```

```
   62_7          _88_         6576          _3_9
-  572_       -  18_7      -  5_0_       -  6_5_
   524           4_83         14_9          1457
```

```
   68_9          3276         _626          9_92
-  645_       -  28_1      -  27_0       -  884_
   358           395          6_2_          10_7
```

```
   9_72          81_8         8_3_          70_1
-  _5_0       -  789_      -  22_3       -  3_9_
   170_          297          6182          3819
```

49

Restando fracciones.

Ex.

1) $8\frac{6}{11} - 3\frac{5}{22} = \quad 8\frac{12}{22} - 3\frac{5}{22} = \quad 5\frac{7}{22}$

2) $7\frac{16}{23} - 3\frac{9}{46} =$

3) $7\frac{9}{22} - 1\frac{1}{11} =$

4) $7\frac{10}{58} - 4\frac{1}{29} =$

5) $9\frac{7}{29} - 1\frac{12}{58} =$

6) $5\frac{6}{11} - 3\frac{7}{55} =$

7) $6\frac{8}{9} - 3\frac{3}{5} =$

8) $8\frac{10}{16} - 2\frac{1}{8} =$

9) $7\frac{2}{10} - 4\frac{1}{5} =$

10) $5\frac{3}{6} - 3\frac{1}{3} =$

1) $6\frac{3}{4} - 2\frac{3}{5} =$

2) $5\frac{2}{4} - 1\frac{13}{52} =$

3) $5\frac{1}{7} - 3\frac{4}{28} =$

4) $8\frac{3}{4} - 1\frac{11}{28} =$

5) $7\frac{15}{58} - 3\frac{7}{29} =$

6) $9\frac{3}{4} - 4\frac{4}{13} =$

7) $7\frac{3}{6} - 3\frac{1}{3} =$

8) $7\frac{13}{58} - 1\frac{4}{29} =$

9) $5\frac{2}{7} - 1\frac{1}{4} =$

10) $8\frac{6}{13} - 3\frac{4}{26} =$

1) $9\frac{7}{11} - 2\frac{3}{22} =$

2) $9\frac{11}{29} - 2\frac{16}{58} =$

3) $7\frac{13}{18} - 3\frac{3}{12} =$

4) $8\frac{1}{3} - 4\frac{15}{48} =$

5) $6\frac{5}{7} - 3\frac{10}{21} =$

6) $7\frac{8}{12} - 3\frac{1}{3} =$

7) $6\frac{10}{29} - 2\frac{11}{58} =$

8) $7\frac{2}{6} - 4\frac{3}{12} =$

9) $5\frac{8}{9} - 1\frac{15}{27} =$

10) $7\frac{2}{4} - 4\frac{3}{13} =$

1) $6\frac{12}{18} - 2\frac{1}{3} =$

2) $6\frac{3}{4} - 4\frac{15}{52} =$

3) $5\frac{12}{13} - 2\frac{15}{26} =$

4) $8\frac{4}{6} - 3\frac{13}{42} =$

5) $8\frac{2}{11} - 2\frac{1}{22} =$

6) $5\frac{5}{8} - 3\frac{2}{4} =$

7) $9\frac{13}{29} - 4\frac{14}{58} =$

8) $9\frac{14}{18} - 2\frac{3}{6} =$

9) $7\frac{11}{18} - 2\frac{3}{9} =$

10) $9\frac{5}{8} - 2\frac{2}{4} =$

(53)

1) $6\frac{9}{11} - 2\frac{4}{22} =$

2) $5\frac{12}{13} - 3\frac{15}{26} =$

3) $9\frac{2}{9} - 2\frac{1}{6} =$

4) $7\frac{6}{8} - 3\frac{2}{32} =$

5) $9\frac{12}{45} - 2\frac{2}{15} =$

6) $9\frac{8}{10} - 1\frac{5}{50} =$

7) $8\frac{10}{13} - 4\frac{10}{26} =$

8) $6\frac{1}{4} - 2\frac{4}{32} =$

9) $9\frac{3}{5} - 2\frac{3}{9} =$

10) $7\frac{10}{18} - 2\frac{1}{6} =$

1) $9\frac{4}{11} - 4\frac{12}{55} =$

2) $7\frac{4}{5} - 3\frac{8}{10} =$

3) $9\frac{6}{7} - 4\frac{13}{21} =$

4) $8\frac{9}{22} - 2\frac{3}{11} =$

5) $6\frac{11}{29} - 1\frac{16}{58} =$

6) $7\frac{6}{8} - 3\frac{14}{32} =$

7) $8\frac{8}{11} - 1\frac{13}{22} =$

8) $9\frac{7}{11} - 2\frac{13}{22} =$

9) $9\frac{8}{9} - 4\frac{8}{45} =$

10) $8\frac{3}{6} - 3\frac{5}{14} =$

1) $9\frac{10}{52} - 3\frac{1}{26} =$

2) $5\frac{5}{9} - 1\frac{12}{27} =$

3) $8\frac{6}{9} - 1\frac{3}{5} =$

4) $6\frac{3}{4} - 1\frac{2}{3} =$

5) $8\frac{7}{13} - 4\frac{3}{26} =$

6) $8\frac{8}{9} - 2\frac{10}{45} =$

7) $9\frac{2}{4} - 2\frac{2}{52} =$

8) $9\frac{12}{30} - 1\frac{7}{60} =$

9) $9\frac{1}{5} - 3\frac{2}{50} =$

10) $9\frac{2}{13} - 1\frac{3}{26} =$

1

1) $9\frac{16}{29} - 4\frac{13}{58} =$

2) $9\frac{5}{14} - 3\frac{1}{6} =$

3) $7\frac{2}{3} - 3\frac{3}{18} =$

4) $7\frac{3}{7} - 3\frac{5}{21} =$

5) $7\frac{4}{5} - 3\frac{1}{4} =$

6) $7\frac{6}{48} - 3\frac{3}{24} =$

7) $9\frac{2}{6} - 3\frac{10}{42} =$

8) $7\frac{15}{21} - 1\frac{2}{7} =$

9) $8\frac{12}{46} - 1\frac{5}{23} =$

10) $9\frac{7}{45} - 4\frac{1}{15} =$

1) $9\frac{4}{11} - 1\frac{2}{22} =$

2) $8\frac{5}{26} - 1\frac{1}{13} =$

3) $6\frac{3}{10} - 1\frac{5}{40} =$

4) $9\frac{2}{3} - 3\frac{2}{4} =$

5) $5\frac{5}{6} - 2\frac{1}{12} =$

6) $7\frac{14}{27} - 3\frac{1}{9} =$

7) $8\frac{1}{4} - 1\frac{1}{8} =$

8) $6\frac{2}{4} - 4\frac{1}{6} =$

9) $8\frac{4}{5} - 3\frac{4}{10} =$

10) $6\frac{11}{45} - 4\frac{1}{9} =$

1) $5\frac{9}{24} - 3\frac{4}{12} =$

2) $5\frac{14}{23} - 1\frac{5}{46} =$

3) $5\frac{11}{29} - 4\frac{12}{58} =$

4) $8\frac{14}{16} - 2\frac{1}{8} =$

5) $7\frac{14}{58} - 1\frac{1}{29} =$

6) $5\frac{2}{6} - 3\frac{2}{10} =$

7) $8\frac{7}{11} - 1\frac{5}{22} =$

8) $6\frac{2}{3} - 2\frac{15}{48} =$

9) $9\frac{7}{11} - 3\frac{13}{55} =$

10) $7\frac{1}{4} - 3\frac{7}{28} =$

1) $7\frac{1}{3} - 4\frac{2}{42} =$

2) $5\frac{8}{16} - 3\frac{10}{32} =$

3) $7\frac{5}{15} - 1\frac{7}{45} =$

4) $6\frac{9}{26} - 4\frac{5}{52} =$

5) $5\frac{8}{9} - 4\frac{10}{15} =$

6) $5\frac{14}{16} - 2\frac{10}{48} =$

7) $6\frac{8}{20} - 1\frac{5}{40} =$

8) $8\frac{3}{5} - 2\frac{10}{20} =$

9) $9\frac{13}{16} - 4\frac{5}{12} =$

10) $6\frac{5}{52} - 4\frac{1}{13} =$

1) $9\frac{3}{5} - 2\frac{6}{20} =$

2) $7\frac{15}{20} - 3\frac{2}{4} =$

3) $9\frac{3}{7} - 2\frac{3}{28} =$

4) $8\frac{4}{5} - 4\frac{2}{3} =$

5) $7\frac{7}{10} - 1\frac{1}{4} =$

6) $7\frac{12}{32} - 4\frac{4}{16} =$

7) $8\frac{2}{3} - 3\frac{10}{24} =$

8) $5\frac{9}{27} - 3\frac{2}{6} =$

9) $8\frac{4}{6} - 4\frac{2}{5} =$

10) $9\frac{10}{21} - 2\frac{1}{7} =$

RESPUESTA CLAVE

9-2=7

11-5=6

5-1=4

14-3=11

1

1) __ - 42 = 56   Answer = 98   2) 58 - __ = 3   Answer = 55

3) __ - 48 = 24   Answer = 72   4) __ - 37 = 62   Answer = 99

5) __ - 56 = 24   Answer = 80   6) 91 - __ = 16   Answer = 75

7) 89 - __ = 30   Answer = 59   8) __ - 50 = 45   Answer = 95

9) __ - 37 = 20   Answer = 57   10) __ - 49 = 30   Answer = 79

11) 81 - __ = 27   Answer = 54   12) 79 - __ = 4   Answer = 75

2

1) __ - 80 = 12   Answer = 92   2) __ - 63 = 33   Answer = 96

3) 90 - __ = 55   Answer = 35   4) __ - 58 = 2   Answer = 60

5) 91 - __ = 11   Answer = 80   6) 45 - __ = 5   Answer = 40

7) __ - 58 = 7   Answer = 65   8) 97 - __ = 11   Answer = 86

9) __ - 85 = 12   Answer = 97   10) 51 - __ = 17   Answer = 34

11) 89 - __ = 10   Answer = 79   12) __ - 56 = 14   Answer = 70

3

1) 66 - __ = 8   Answer = 58   2) __ - 64 = 17   Answer = 81

3) __ - 60 = 26   Answer = 86   4) 79 - __ = 31   Answer = 48

5) 85 - __ = 46   Answer = 39   6) __ - 51 = 24   Answer = 75

7) __ - 48 = 9   Answer = 57   8) 46 - __ = 1   Answer = 45

9) 93 - __ = 38   Answer = 55   10) __ - 38 = 12   Answer = 50

11) __ - 46 = 39   Answer = 85   12) 59 - __ = 3   Answer = 56

4

1) 99 - __ = 19   Answer = 80   2) 68 - __ = 19   Answer = 49

3) __ - 35 = 48   Answer = 83   4) __ - 36 = 36   Answer = 72

5) __ - 30 = 58   Answer = 88   6) __ - 51 = 2   Answer = 53

7) 74 - __ = 8   Answer = 66   8) __ - 49 = 15   Answer = 64

9) 59 - __ = 28   Answer = 31   10) __ - 58 = 21   Answer = 79

11) 94 - __ = 24   Answer = 70   12) __ - 66 = 7   Answer = 73

5

1) __ - 47 = 51   Answer = 98   2) __ - 41 = 20   Answer = 61

3) 96 - __ = 17   Answer = 79   4) __ - 84 = 7   Answer = 91

5) __ - 38 = 1   Answer = 39   6) __ - 42 = 24   Answer = 66

7) 82 - __ = 26   Answer = 56   8) 77 - __ = 28   Answer = 49

9) 60 - __ = 22   Answer = 38   10) __ - 38 = 58   Answer = 96

11) 99 - __ = 25   Answer = 74   12) 64 - __ = 14   Answer = 50

6

1) 90 - __ = 26   Answer = 64   2) __ - 84 = 11   Answer = 95

3) 51 - __ = 16   Answer = 35   4) 90 - __ = 40   Answer = 50

5) __ - 62 = 21   Answer = 83   6) 92 - __ = 31   Answer = 61

7) 47 - __ = 15   Answer = 32   8) 94 - __ = 21   Answer = 73

9) __ - 49 = 50   Answer = 99   10) 97 - __ = 58   Answer = 39

11) __ - 38 = 40   Answer = 78   12) __ - 51 = 5   Answer = 56

7

1) 48 - __ = 2   Answer = 46   2) 99 - __ = 11   Answer = 88

3) __ - 50 = 22   Answer = 72   4) 71 - __ = 5   Answer = 66

5) __ - 40 = 40   Answer = 80   6) 73 - __ = 25   Answer = 48

7) 73 - __ = 2   Answer = 71   8) __ - 46 = 38   Answer = 84

9) 63 - __ = 26   Answer = 37   10) __ - 40 = 59   Answer = 99

11) 92 - __ = 27   Answer = 65   12) 61 - __ = 14   Answer = 47

8

1) __ - 55 = 7   Answer = 62   2) __ - 91 = 1   Answer = 92

3) 89 - __ = 57   Answer = 32   4) __ - 50 = 41   Answer = 91

5) 87 - __ = 17   Answer = 70   6) __ - 64 = 9   Answer = 73

7) 89 - __ = 34   Answer = 55   8) 84 - __ = 23   Answer = 61

9) 62 - __ = 23   Answer = 39   10) __ - 42 = 10   Answer = 52

11) 62 - __ = 31   Answer = 31   12) 59 - __ = 11   Answer = 48

9

1) __ - 63 = 23   Answer = 86   2) 96 - __ = 58   Answer = 38

3) 94 - __ = 27   Answer = 67   4) __ - 57 = 3   Answer = 60

5) __ - 80 = 7   Answer = 87   6) __ - 51 = 16   Answer = 67

7) 96 - __ = 51   Answer = 45   8) 82 - __ = 9   Answer = 73

9) 84 - __ = 34   Answer = 50   10) __ - 55 = 4   Answer = 59

11) 77 - __ = 29   Answer = 48   12) 49 - __ = 3   Answer = 46

10

1) 81 - __ = 5   Answer = 76   2) __ - 34 = 25   Answer = 59

3) 76 - __ = 16   Answer = 60   4) __ - 35 = 38   Answer = 73

5) __ - 34 = 65   Answer = 99   6) 79 - __ = 38   Answer = 41

7) 79 - __ = 34   Answer = 45   8) __ - 53 = 26   Answer = 79

9) 86 - __ = 1   Answer = 85   10) 75 - __ = 35   Answer = 40

11) 78 - __ = 23   Answer = 55   12) __ - 72 = 15   Answer = 87

11

1) 98 - __ = 30   Answer = 68   2) 55 - __ = 25   Answer = 30

3) 99 - __ = 8   Answer = 91   4) 58 - __ = 4   Answer = 54

5) 93 - __ = 16   Answer = 77   6) __ - 56 = 13   Answer = 69

7) __ - 31 = 39   Answer = 70   8) __ - 48 = 20   Answer = 68

9) __ - 53 = 33   Answer = 86   10) 87 - __ = 30   Answer = 57

11) __ - 51 = 15   Answer = 66   12) 53 - __ = 5   Answer = 48

12

1) __ - 45 = 51   Answer = 96   2) 79 - __ = 12   Answer = 67

3) __ - 35 = 15   Answer = 50   4) 73 - __ = 18   Answer = 55

5) __ - 47 = 50   Answer = 97   6) __ - 44 = 31   Answer = 75

7) __ - 30 = 21   Answer = 51   8) __ - 77 = 6   Answer = 83

9) 93 - __ = 12   Answer = 81   10) __ - 53 = 33   Answer = 86

11) 81 - __ = 14   Answer = 67   12) 72 - __ = 20   Answer = 52

13

1) ___ + 9 = 11
   11 - 9 = ___

2) ___ + 1 = 5
   5 - 1 = ___

3) ___ + 2 = 20
   20 - 2 = ___

4) ___ + 12 = 17
   17 - 12 = ___

5) ___ + 1 = 20
   20 - 1 = ___

6) ___ + 4 = 6
   6 - 4 = ___

7) ___ + 5 = 14
   14 - 5 = ___

8) ___ + 17 = 19
   19 - 17 = ___

9) ___ + 1 = 19
   19 - 1 = ___

10) ___ + 16 = 18
    18 - 16 = ___

1. 2
2. 4
3. 18
4. 5
5. 19
6. 2
7. 9
8. 2
9. 18
10. 2

14

1) ___ + 13 = 18
   18 - 13 = ___

2) ___ + 1 = 15
   15 - 1 = ___

3) ___ + 4 = 19
   19 - 4 = ___

4) ___ + 2 = 20
   20 - 2 = ___

5) ___ + 5 = 12
   12 - 5 = ___

6) ___ + 10 = 17
   17 - 10 = ___

7) ___ + 14 = 17
   17 - 14 = ___

8) ___ + 2 = 13
   13 - 2 = ___

9) ___ + 3 = 12
   12 - 3 = ___

10) ___ + 14 = 18
    18 - 14 = ___

1. 5
2. 14
3. 15
4. 18
5. 7
6. 7
7. 3
8. 11
9. 9
10. 4

15

1) ___ + 5 = 18
   18 - 5 = ___

2) ___ + 3 = 19
   19 - 3 = ___

3) ___ + 5 = 17
   17 - 5 = ___

4) ___ + 10 = 13
   13 - 10 = ___

5) ___ + 2 = 20
   20 - 2 = ___

6) ___ + 14 = 17
   17 - 14 = ___

7) ___ + 8 = 16
   16 - 8 = ___

8) ___ + 2 = 17
   17 - 2 = ___

9) ___ + 6 = 19
   19 - 6 = ___

10) ___ + 7 = 20
    20 - 7 = ___

1. 13
2. 16
3. 12
4. 3
5. 18
6. 3
7. 8
8. 15
9. 13
10. 13

16

1) ___ + 1 = 18
   18 - 1 = ___

2) ___ + 7 = 9
   9 - 7 = ___

3) ___ + 14 = 18
   18 - 14 = ___

4) ___ + 1 = 7
   7 - 1 = ___

5) ___ + 1 = 12
   12 - 1 = ___

6) ___ + 2 = 16
   16 - 2 = ___

7) ___ + 15 = 19
   19 - 15 = ___

8) ___ + 11 = 16
   16 - 11 = ___

9) ___ + 3 = 18
   18 - 3 = ___

10) ___ + 4 = 14
    14 - 4 = ___

1. 17
2. 2
3. 4
4. 6
5. 11
6. 14
7. 4
8. 5
9. 15
10. 10

17

1) _____ + 1 = 9
9 - 1 = _____

2) _____ + 10 = 12
12 - 10 = _____

3) _____ + 1 = 17
17 - 1 = _____

4) _____ + 3 = 18
18 - 3 = _____

5) _____ + 3 = 13
13 - 3 = _____

6) _____ + 2 = 17
17 - 2 = _____

7) _____ + 3 = 9
9 - 3 = _____

8) _____ + 4 = 11
11 - 4 = _____

9) _____ + 13 = 17
17 - 13 = _____

10) _____ + 2 = 9
9 - 2 = _____

1. _____ 8
2. _____ 2
3. _____ 16
4. _____ 15
5. _____ 10
6. _____ 15
7. _____ 6
8. _____ 7
9. _____ 4
10. _____ 7

18

1) _____ + 6 = 20
20 - 6 = _____

2) _____ + 2 = 11
11 - 2 = _____

3) _____ + 2 = 17
17 - 2 = _____

4) _____ + 1 = 18
18 - 1 = _____

5) _____ + 2 = 5
5 - 2 = _____

6) _____ + 1 = 20
20 - 1 = _____

7) _____ + 6 = 16
16 - 6 = _____

8) _____ + 7 = 17
17 - 7 = _____

9) _____ + 3 = 18
18 - 3 = _____

10) _____ + 8 = 20
20 - 8 = _____

1. _____ 14
2. _____ 9
3. _____ 15
4. _____ 17
5. _____ 3
6. _____ 19
7. _____ 10
8. _____ 10
9. _____ 15
10. _____ 12

19

1) _____ + 1 = 20
20 - 1 = _____

2) _____ + 3 = 6
6 - 3 = _____

3) _____ + 1 = 19
19 - 1 = _____

4) _____ + 4 = 7
7 - 4 = _____

5) _____ + 3 = 18
18 - 3 = _____

6) _____ + 6 = 11
11 - 6 = _____

7) _____ + 6 = 12
12 - 6 = _____

8) _____ + 11 = 19
19 - 11 = _____

9) _____ + 16 = 18
18 - 16 = _____

10) _____ + 5 = 10
10 - 5 = _____

1. _____ 19
2. _____ 3
3. _____ 18
4. _____ 3
5. _____ 15
6. _____ 5
7. _____ 6
8. _____ 8
9. _____ 2
10. _____ 5

20

1) _____ + 4 = 16
16 - 4 = _____

2) _____ + 5 = 8
8 - 5 = _____

3) _____ + 5 = 11
11 - 5 = _____

4) _____ + 1 = 20
20 - 1 = _____

5) _____ + 2 = 15
15 - 2 = _____

6) _____ + 12 = 20
20 - 12 = _____

7) _____ + 10 = 18
18 - 10 = _____

8) _____ + 3 = 19
19 - 3 = _____

9) _____ + 2 = 5
5 - 2 = _____

10) _____ + 2 = 17
17 - 2 = _____

1. _____ 12
2. _____ 3
3. _____ 6
4. _____ 19
5. _____ 13
6. _____ 8
7. _____ 8
8. _____ 16
9. _____ 3
10. _____ 15

21

1) ___ + 6 = 20
   20 - 6 = ___

2) ___ + 1 = 20
   20 - 1 = ___

3) ___ + 9 = 19
   19 - 9 = ___

4) ___ + 8 = 18
   18 - 8 = ___

5) ___ + 2 = 20
   20 - 2 = ___

6) ___ + 1 = 19
   19 - 1 = ___

7) ___ + 3 = 15
   15 - 3 = ___

8) ___ + 15 = 17
   17 - 15 = ___

9) ___ + 1 = 5
   5 - 1 = ___

10) ___ + 2 = 12
    12 - 2 = ___

1. 14
2. 19
3. 10
4. 10
5. 18
6. 18
7. 12
8. 2
9. 4
10. 10

22

1) ___ + 1 = 20
   20 - 1 = ___

2) ___ + 7 = 12
   12 - 7 = ___

3) ___ + 4 = 19
   19 - 4 = ___

4) ___ + 6 = 19
   19 - 6 = ___

5) ___ + 2 = 17
   17 - 2 = ___

6) ___ + 12 = 19
   19 - 12 = ___

7) ___ + 17 = 19
   19 - 17 = ___

8) ___ + 1 = 9
   9 - 1 = ___

9) ___ + 4 = 6
   6 - 4 = ___

10) ___ + 3 = 6
    6 - 3 = ___

1. 19
2. 5
3. 15
4. 13
5. 15
6. 7
7. 2
8. 8
9. 2
10. 3

23

1) ___ + 3 = 20
   20 - 3 = ___

2) ___ + 10 = 19
   19 - 10 = ___

3) ___ + 1 = 11
   11 - 1 = ___

4) ___ + 3 = 13
   13 - 3 = ___

5) ___ + 6 = 8
   8 - 6 = ___

6) ___ + 7 = 12
   12 - 7 = ___

7) ___ + 2 = 17
   17 - 2 = ___

8) ___ + 1 = 19
   19 - 1 = ___

9) ___ + 2 = 20
   20 - 2 = ___

10) ___ + 1 = 20
    20 - 1 = ___

1. 17
2. 9
3. 10
4. 10
5. 2
6. 5
7. 15
8. 18
9. 18
10. 19

24

1) ___ + 6 = 19
   19 - 6 = ___

2) ___ + 1 = 14
   14 - 1 = ___

3) ___ + 4 = 16
   16 - 4 = ___

4) ___ + 3 = 15
   15 - 3 = ___

5) ___ + 1 = 19
   19 - 1 = ___

6) ___ + 1 = 20
   20 - 1 = ___

7) ___ + 9 = 20
   20 - 9 = ___

8) ___ + 4 = 10
   10 - 4 = ___

9) ___ + 6 = 16
   16 - 6 = ___

10) ___ + 3 = 18
    18 - 3 = ___

1. 13
2. 13
3. 12
4. 12
5. 18
6. 19
7. 11
8. 6
9. 10
10. 15

25

1) 7,435 − 3,021 = 4,414

2) 5,277 − 3,736 = 1,541

3) 2,537 − 1,949 = 588

4) 1,647 − 1,030 = 617

5) 7,207 − 4,198 = 3,009

6) 6,115 − 5,526 = 589

7) 9,700 − 2,919 = 6,781

8) 6,141 − 3,505 = 2,636

9) 2,195 − 1,271 = 924

10) 6,334 − 4,254 = 2,080

1. 4,414
2. 1,541
3. 588
4. 617
5. 3,009
6. 589
7. 6,781
8. 2,636
9. 924
10. 2,080

26

1) 8,150 − 1,474 = 6,676

2) 3,806 − 2,715 = 1,091

3) 3,916 − 3,602 = 314

4) 5,393 − 3,018 = 2,375

5) 3,707 − 1,930 = 1,777

6) 7,422 − 2,430 = 4,992

7) 2,636 − 1,337 = 1,299

8) 6,677 − 2,808 = 3,869

9) 4,825 − 3,562 = 1,263

10) 7,714 − 3,306 = 4,408

1. 6,676
2. 1,091
3. 314
4. 2,375
5. 1,777
6. 4,992
7. 1,299
8. 3,869
9. 1,263
10. 4,408

27

1) 1,585 − 1,276 = 309

2) 6,298 − 5,900 = 398

3) 1,210 − 1,183 = 27

4) 1,417 − 1,110 = 307

5) 3,212 − 2,537 = 675

6) 4,969 − 2,024 = 2,945

7) 5,455 − 3,980 = 1,475

8) 9,932 − 2,336 = 7,596

9) 7,644 − 3,937 = 3,707

10) 1,367 − 1,295 = 72

1. 309
2. 398
3. 27
4. 307
5. 675
6. 2,945
7. 1,475
8. 7,596
9. 3,707
10. 72

28

1) 5,279 − 2,516 = 2,763

2) 2,634 − 2,577 = 57

3) 6,751 − 2,784 = 3,967

4) 3,933 − 2,945 = 988

5) 4,326 − 1,063 = 3,263

6) 4,341 − 2,271 = 2,070

7) 4,792 − 2,260 = 2,532

8) 4,590 − 2,194 = 2,396

9) 1,962 − 1,670 = 292

10) 7,337 − 1,655 = 5,682

1. 2,763
2. 57
3. 3,967
4. 988
5. 3,263
6. 2,070
7. 2,532
8. 2,396
9. 292
10. 5,682

29

1) 8,625
   - 8,421
     204

2) 2,143
   - 1,653
     490

3) 3,627
   - 2,097
   1,530

4) 4,718
   - 3,942
     776

5) 1,351
   - 1,345
       6

6) 1,122
   - 1,059
      63

7) 5,998
   - 4,985
   1,013

8) 6,719
   - 3,156
   3,563

9) 9,993
   - 7,318
   2,675

10) 3,922
   - 3,539
    383

1. 204
2. 490
3. 1,530
4. 776
5. 6
6. 63
7. 1,013
8. 3,563
9. 2,675
10. 383

30

1) 1,492
   - 1,065
     427

2) 9,272
   - 2,052
   7,220

3) 5,332
   - 1,212
   4,120

4) 2,593
   - 2,550
      43

5) 3,174
   - 1,571
   1,603

6) 6,861
   - 5,533
   1,328

7) 9,276
   - 6,863
   2,413

8) 5,445
   - 1,527
   3,918

9) 3,509
   - 1,420
   2,089

10) 6,753
   - 4,718
   2,035

1. 427
2. 7,220
3. 4,120
4. 43
5. 1,603
6. 1,328
7. 2,413
8. 3,918
9. 2,089
10. 2,035

31

1) 3,481
   - 1,091
   2,390

2) 2,738
   - 1,355
   1,383

3) 9,117
   - 6,234
   2,883

4) 5,072
   - 4,386
     686

5) 1,005
   - 1,004
       1

6) 8,320
   - 8,224
      96

7) 4,208
   - 2,419
   1,789

8) 3,794
   - 1,264
   2,530

9) 4,824
   - 1,860
   2,964

10) 9,589
   - 9,479
    110

1. 2,390
2. 1,383
3. 2,883
4. 686
5. 1
6. 96
7. 1,789
8. 2,530
9. 2,964
10. 110

32

1) 4,681
   - 1,609
   3,072

2) 6,494
   - 4,809
   1,685

3) 8,488
   - 6,623
   1,865

4) 6,590
   - 2,337
   4,253

5) 8,397
   - 3,387
   5,010

6) 1,907
   - 1,805
     102

7) 2,820
   - 2,248
     572

8) 5,493
   - 1,203
   4,290

9) 6,265
   - 1,466
   4,799

10) 1,478
   - 1,053
    425

1. 3,072
2. 1,685
3. 1,865
4. 4,253
5. 5,010
6. 102
7. 572
8. 4,290
9. 4,799
10. 425

33

1) 3,018
− 2,697
321

2) 4,555
− 2,900
1,655

3) 4,856
− 2,125
2,731

4) 3,593
− 2,884
709

1. 321
2. 1,655
3. 2,731
4. 709
5. 695
6. 4,960
7. 3,336
8. 2,463
9. 3,769
10. 7,190

5) 5,290
− 4,595
695

6) 8,189
− 3,229
4,960

7) 8,243
− 4,907
3,336

8) 3,561
− 1,098
2,463

9) 8,460
− 4,691
3,769

10) 9,187
− 1,997
7,190

34

1) 4,398
− 3,408
990

2) 5,211
− 1,527
3,684

3) 1,835
− 1,499
336

4) 2,992
− 2,125
867

1. 990
2. 3,684
3. 336
4. 867
5. 5,105
6. 356
7. 2,178
8. 387
9. 2,912
10. 2,160

5) 8,857
− 3,752
5,105

6) 4,155
− 3,799
356

7) 6,873
− 4,695
2,178

8) 1,458
− 1,071
387

9) 8,049
− 5,137
2,912

10) 4,419
− 2,259
2,160

35

1) 1,716
− 1,279
437

2) 6,985
− 2,496
4,489

3) 9,046
− 1,016
8,030

4) 7,595
− 5,302
2,293

1. 437
2. 4,489
3. 8,030
4. 2,293
5. 518
6. 239
7. 3,991
8. 1,252
9. 827
10. 551

5) 4,357
− 3,839
518

6) 2,215
− 1,976
239

7) 7,047
− 3,056
3,991

8) 3,115
− 1,863
1,252

9) 8,977
− 8,150
827

10) 3,994
− 3,443
551

36

1) 5,117
− 4,783
334

2) 3,712
− 3,074
638

3) 1,574
− 1,096
478

4) 4,179
− 4,111
68

1. 334
2. 638
3. 478
4. 68
5. 1,261
6. 1,704
7. 6,626
8. 598
9. 774
10. 964

5) 7,735
− 6,474
1,261

6) 2,814
− 1,110
1,704

7) 8,424
− 1,798
6,626

8) 2,041
− 1,443
598

9) 4,055
− 3,281
774

10) 2,018
− 1,054
964

37

7218 - 4130 3088	5359 - 4790 569	9896 - 9784 112	7964 - 1720 6244
9777 - 4880 4897	9904 - 4951 4953	7527 - 2702 4825	8343 - 4362 3981
9356 - 5215 4141	2513 - 2169 344	9762 - 7537 2225	7584 - 1328 6256

38

3937 - 3891 46	7795 - 5891 1904	7571 - 5086 2485	8379 - 4461 3918
7191 - 1158 6033	4691 - 1880 2811	7688 - 4573 3115	9598 - 1504 8094
8542 - 4241 4301	8109 - 3403 4706	8469 - 4612 3857	9935 - 6095 3840

39

4468 - 2127 2341	8681 - 4138 4543	8445 - 3563 4882	3710 - 2174 1536
5532 - 1828 3704	6951 - 2236 4715	8639 - 2308 6331	4345 - 3215 1130
7950 - 4873 3077	9996 - 6441 3555	6369 - 3728 2641	7414 - 3308 4106

40

8587 - 5150 3437	7941 - 4075 3866	5548 - 4735 813	6403 - 1637 4766
8966 - 1472 7494	9831 - 1260 8571	5353 - 1527 3826	8062 - 3960 4102
6134 - 4920 1214	7125 - 4187 2938	8372 - 8237 135	9471 - 3839 5632

41

9676 - 1142 **8534**	6955 - 6004 **951**	8690 - 6559 **2131**	5763 - 3493 **2270**
3845 - 2709 **1136**	7272 - 6865 **407**	9169 - 8744 **425**	7062 - 2001 **5061**
8459 - 6945 **1514**	7572 - 7270 **302**	4277 - 2848 **1429**	4249 - 2320 **1929**

42

8239 - 3059 **5180**	7378 - 4298 **3080**	8417 - 4036 **4381**	6433 - 5904 **529**
6111 - 2377 **3734**	8399 - 3191 **5208**	5520 - 2884 **2636**	9438 - 7382 **2056**
6158 - 2652 **3506**	8277 - 4330 **3947**	3735 - 2842 **893**	8973 - 8732 **241**

43

9972 - 4408 **5564**	8935 - 7483 **1452**	9725 - 9390 **335**	9231 - 5269 **3962**
4877 - 1619 **3258**	3363 - 2131 **1232**	2261 - 1263 **998**	5503 - 5412 **91**
6006 - 3717 **2289**	7058 - 1076 **5982**	3361 - 1797 **1564**	3783 - 3673 **110**

44

3629 - 3312 **317**	5847 - 2571 **3276**	8590 - 1226 **7364**	4762 - 2951 **1811**
6104 - 1520 **4584**	8799 - 7047 **1752**	5004 - 2764 **2240**	7181 - 5954 **1227**
4266 - 3924 **342**	7277 - 4229 **3048**	7339 - 2134 **5205**	9886 - 2006 **7880**

45

9061 - 3786 5275	9573 - 1206 8367	5550 - 2618 2932	9161 - 1930 7231
8100 - 7877 223	7671 - 2902 4769	9344 - 4598 4746	5237 - 5011 226
4425 - 4072 353	9870 - 5426 4444	6826 - 1021 5805	1446 - 1421 25

46

5062 - 2406 2656	8389 - 3167 5222	9147 - 7913 1234	9709 - 3859 5850
8106 - 4883 3223	7786 - 6256 1530	7667 - 6109 1558	9089 - 4072 5017
6304 - 1838 4466	6401 - 1071 5330	2419 - 2387 32	6014 - 5961 53

47

7177 - 2049 5128	8617 - 2554 6063	5729 - 4644 1085	8752 - 2455 6297
3456 - 1042 2414	3568 - 1221 2347	8475 - 1441 7034	9442 - 2710 6732
7965 - 1634 6331	4195 - 3164 1031	5346 - 4898 448	9837 - 7339 2498

48

6247 - 5723 524	6880 - 1897 4983	6576 - 5107 1469	8309 - 6852 1457
6809 - 6451 358	3276 - 2881 395	9626 - 2700 6926	9892 - 8845 1047
9272 - 7570 1702	8188 - 7891 297	8435 - 2253 6182	7011 - 3192 3819

49

1) $8\frac{6}{11} - 3\frac{5}{22} = \quad 8\frac{12}{22} - 3\frac{5}{22} = \quad 5\frac{7}{22}$

2) $7\frac{16}{23} - 3\frac{9}{46} = \quad 7\frac{32}{46} - 3\frac{9}{46} = \quad 4\frac{23}{46} = \quad 4\frac{1}{2}$

3) $7\frac{9}{22} - 1\frac{1}{11} = \quad 7\frac{9}{22} - 1\frac{2}{22} = \quad 6\frac{7}{22}$

4) $7\frac{10}{58} - 4\frac{1}{29} = \quad 7\frac{10}{58} - 4\frac{2}{58} = \quad 3\frac{8}{58} = \quad 3\frac{4}{29}$

5) $9\frac{7}{29} - 1\frac{12}{58} = \quad 9\frac{14}{58} - 1\frac{12}{58} = \quad 8\frac{2}{58} = \quad 8\frac{1}{29}$

6) $5\frac{6}{11} - 3\frac{7}{55} = \quad 5\frac{30}{55} - 3\frac{7}{55} = \quad 2\frac{23}{55}$

7) $6\frac{8}{9} - 3\frac{3}{5} = \quad 6\frac{40}{45} - 3\frac{27}{45} = \quad 3\frac{13}{45}$

8) $8\frac{10}{16} - 2\frac{1}{8} = \quad 8\frac{10}{16} - 2\frac{2}{16} = \quad 6\frac{8}{16} = \quad 6\frac{1}{2}$

9) $7\frac{2}{10} - 4\frac{1}{5} = \quad 7\frac{2}{10} - 4\frac{2}{10} = \quad 3$

10) $5\frac{3}{6} - 3\frac{1}{3} = \quad 5\frac{3}{6} - 3\frac{2}{6} = \quad 2\frac{1}{6}$

50

1) $6\frac{3}{4} - 2\frac{3}{5} = \quad 6\frac{15}{20} - 2\frac{12}{20} = \quad 4\frac{3}{20}$

2) $5\frac{2}{4} - 1\frac{13}{52} = \quad 5\frac{26}{52} - 1\frac{13}{52} = \quad 4\frac{13}{52} = \quad 4\frac{1}{4}$

3) $5\frac{1}{7} - 3\frac{4}{28} = \quad 5\frac{4}{28} - 3\frac{4}{28} = \quad 2$

4) $8\frac{3}{4} - 1\frac{11}{28} = \quad 8\frac{21}{28} - 1\frac{11}{28} = \quad 7\frac{10}{28} = \quad 7\frac{5}{14}$

5) $7\frac{15}{58} - 3\frac{7}{29} = \quad 7\frac{15}{58} - 3\frac{14}{58} = \quad 4\frac{1}{58}$

6) $9\frac{3}{4} - 4\frac{4}{13} = \quad 9\frac{39}{52} - 4\frac{16}{52} = \quad 5\frac{23}{52}$

7) $7\frac{3}{6} - 3\frac{1}{3} = \quad 7\frac{3}{6} - 3\frac{2}{6} = \quad 4\frac{1}{6}$

8) $7\frac{13}{58} - 1\frac{4}{29} = \quad 7\frac{13}{58} - 1\frac{8}{58} = \quad 6\frac{5}{58}$

9) $5\frac{2}{7} - 1\frac{1}{4} = \quad 5\frac{8}{28} - 1\frac{7}{28} = \quad 4\frac{1}{28}$

10) $8\frac{6}{13} - 3\frac{4}{26} = \quad 8\frac{12}{26} - 3\frac{4}{26} = \quad 5\frac{8}{26} = \quad 5\frac{4}{13}$

51

1) $9\frac{7}{11} - 2\frac{3}{22} = \quad 9\frac{14}{22} - 2\frac{3}{22} = \quad 7\frac{11}{22} = \quad 7\frac{1}{2}$

2) $9\frac{11}{29} - 2\frac{16}{58} = \quad 9\frac{22}{58} - 2\frac{16}{58} = \quad 7\frac{6}{58} = \quad 7\frac{3}{29}$

3) $7\frac{13}{18} - 3\frac{3}{12} = \quad 7\frac{26}{36} - 3\frac{9}{36} = \quad 4\frac{17}{36}$

4) $8\frac{1}{3} - 4\frac{15}{48} = \quad 8\frac{16}{48} - 4\frac{15}{48} = \quad 4\frac{1}{48}$

5) $6\frac{5}{7} - 3\frac{10}{21} = \quad 6\frac{15}{21} - 3\frac{10}{21} = \quad 3\frac{5}{21}$

6) $7\frac{8}{12} - 3\frac{1}{3} = \quad 7\frac{8}{12} - 3\frac{4}{12} = \quad 4\frac{4}{12} = \quad 4\frac{1}{3}$

7) $6\frac{10}{29} - 2\frac{11}{58} = \quad 6\frac{20}{58} - 2\frac{11}{58} = \quad 4\frac{9}{58}$

8) $7\frac{2}{6} - 4\frac{3}{12} = \quad 7\frac{4}{12} - 4\frac{3}{12} = \quad 3\frac{1}{12}$

9) $5\frac{8}{9} - 1\frac{15}{27} = \quad 5\frac{24}{27} - 1\frac{15}{27} = \quad 4\frac{9}{27} = \quad 4\frac{1}{3}$

10) $7\frac{2}{4} - 4\frac{3}{13} = \quad 7\frac{26}{52} - 4\frac{12}{52} = \quad 3\frac{14}{52} = \quad 3\frac{7}{26}$

52

1) $6\frac{12}{18} - 2\frac{1}{3} = \quad 6\frac{12}{18} - 2\frac{6}{18} = \quad 4\frac{6}{18} = \quad 4\frac{1}{3}$

2) $6\frac{3}{4} - 4\frac{15}{52} = \quad 6\frac{39}{52} - 4\frac{15}{52} = \quad 2\frac{24}{52} = \quad 2\frac{6}{13}$

3) $5\frac{12}{13} - 2\frac{15}{26} = \quad 5\frac{24}{26} - 2\frac{15}{26} = \quad 3\frac{9}{26}$

4) $8\frac{4}{6} - 3\frac{13}{42} = \quad 8\frac{28}{42} - 3\frac{13}{42} = \quad 5\frac{15}{42} = \quad 5\frac{5}{14}$

5) $8\frac{2}{11} - 2\frac{1}{22} = \quad 8\frac{4}{22} - 2\frac{1}{22} = \quad 6\frac{3}{22}$

6) $5\frac{5}{8} - 3\frac{2}{4} = \quad 5\frac{5}{8} - 3\frac{4}{8} = \quad 2\frac{1}{8}$

7) $9\frac{13}{29} - 4\frac{14}{58} = \quad 9\frac{26}{58} - 4\frac{14}{58} = \quad 5\frac{12}{58} = \quad 5\frac{6}{29}$

8) $9\frac{14}{18} - 2\frac{3}{6} = \quad 9\frac{14}{18} - 2\frac{9}{18} = \quad 7\frac{5}{18}$

9) $7\frac{11}{18} - 2\frac{3}{9} = \quad 7\frac{11}{18} - 2\frac{6}{18} = \quad 5\frac{5}{18}$

10) $9\frac{5}{8} - 2\frac{2}{4} = \quad 9\frac{5}{8} - 2\frac{4}{8} = \quad 7\frac{1}{8}$

53

1) $6\frac{9}{11} - 2\frac{4}{22} =$ $6\frac{18}{22} - 2\frac{4}{22} =$ $4\frac{14}{22} =$ $4\frac{7}{11}$

2) $5\frac{12}{13} - 3\frac{15}{26} =$ $5\frac{24}{26} - 3\frac{15}{26} =$ $2\frac{9}{26}$

3) $9\frac{2}{9} - 2\frac{1}{6} =$ $9\frac{4}{18} - 2\frac{3}{18} =$ $7\frac{1}{18}$

4) $7\frac{6}{8} - 3\frac{2}{32} =$ $7\frac{24}{32} - 3\frac{2}{32} =$ $4\frac{22}{32} =$ $4\frac{11}{16}$

5) $9\frac{12}{45} - 2\frac{2}{15} =$ $9\frac{12}{45} - 2\frac{6}{45} =$ $7\frac{6}{45} =$ $7\frac{2}{15}$

6) $9\frac{8}{10} - 1\frac{5}{50} =$ $9\frac{40}{50} - 1\frac{5}{50} =$ $8\frac{35}{50} =$ $8\frac{7}{10}$

7) $8\frac{10}{13} - 4\frac{10}{26} =$ $8\frac{20}{26} - 4\frac{10}{26} =$ $4\frac{10}{26} =$ $4\frac{5}{13}$

8) $6\frac{1}{4} - 2\frac{4}{32} =$ $6\frac{8}{32} - 2\frac{4}{32} =$ $4\frac{4}{32} =$ $4\frac{1}{8}$

9) $9\frac{3}{5} - 2\frac{3}{9} =$ $9\frac{27}{45} - 2\frac{15}{45} =$ $7\frac{12}{45} =$ $7\frac{4}{15}$

10) $7\frac{10}{18} - 2\frac{1}{6} =$ $7\frac{10}{18} - 2\frac{3}{18} =$ $5\frac{7}{18}$

54

1) $9\frac{4}{11} - 4\frac{12}{55} =$ $9\frac{20}{55} - 4\frac{12}{55} =$ $5\frac{8}{55}$

2) $7\frac{4}{5} - 3\frac{8}{10} =$ $7\frac{8}{10} - 3\frac{8}{10} =$ 4

3) $9\frac{6}{7} - 4\frac{13}{21} =$ $9\frac{18}{21} - 4\frac{13}{21} =$ $5\frac{5}{21}$

4) $8\frac{9}{22} - 2\frac{3}{11} =$ $8\frac{9}{22} - 2\frac{6}{22} =$ $6\frac{3}{22}$

5) $6\frac{11}{29} - 1\frac{16}{58} =$ $6\frac{22}{58} - 1\frac{16}{58} =$ $5\frac{6}{58} =$ $5\frac{3}{29}$

6) $7\frac{6}{8} - 3\frac{14}{32} =$ $7\frac{24}{32} - 3\frac{14}{32} =$ $4\frac{10}{32} =$ $4\frac{5}{16}$

7) $8\frac{8}{11} - 1\frac{13}{22} =$ $8\frac{16}{22} - 1\frac{13}{22} =$ $7\frac{3}{22}$

8) $9\frac{7}{11} - 2\frac{13}{22} =$ $9\frac{14}{22} - 2\frac{13}{22} =$ $7\frac{1}{22}$

9) $9\frac{8}{9} - 4\frac{8}{45} =$ $9\frac{40}{45} - 4\frac{8}{45} =$ $5\frac{32}{45}$

10) $8\frac{3}{6} - 3\frac{5}{14} =$ $8\frac{21}{42} - 3\frac{15}{42} =$ $5\frac{6}{42} =$ $5\frac{1}{7}$

55

1) $9\frac{10}{52} - 3\frac{1}{26} =$ $9\frac{10}{52} - 3\frac{2}{52} =$ $6\frac{8}{52} =$ $6\frac{2}{13}$

2) $5\frac{5}{9} - 1\frac{12}{27} =$ $5\frac{15}{27} - 1\frac{12}{27} =$ $4\frac{3}{27} =$ $4\frac{1}{9}$

3) $8\frac{6}{9} - 1\frac{3}{5} =$ $8\frac{30}{45} - 1\frac{27}{45} =$ $7\frac{3}{45} =$ $7\frac{1}{15}$

4) $6\frac{3}{4} - 1\frac{2}{3} =$ $6\frac{9}{12} - 1\frac{8}{12} =$ $5\frac{1}{12}$

5) $8\frac{7}{13} - 4\frac{3}{26} =$ $8\frac{14}{26} - 4\frac{3}{26} =$ $4\frac{11}{26}$

6) $8\frac{8}{9} - 2\frac{10}{45} =$ $8\frac{40}{45} - 2\frac{10}{45} =$ $6\frac{30}{45} =$ $6\frac{2}{3}$

7) $9\frac{2}{4} - 2\frac{2}{52} =$ $9\frac{26}{52} - 2\frac{2}{52} =$ $7\frac{24}{52} =$ $7\frac{6}{13}$

8) $9\frac{12}{30} - 1\frac{7}{60} =$ $9\frac{24}{60} - 1\frac{7}{60} =$ $8\frac{17}{60}$

9) $9\frac{1}{5} - 3\frac{2}{50} =$ $9\frac{10}{50} - 3\frac{2}{50} =$ $6\frac{8}{50} =$ $6\frac{4}{25}$

10) $9\frac{2}{13} - 1\frac{3}{26} =$ $9\frac{4}{26} - 1\frac{3}{26} =$ $8\frac{1}{26}$

56

1) $9\frac{16}{29} - 4\frac{13}{58} =$ $9\frac{32}{58} - 4\frac{13}{58} =$ $5\frac{19}{58}$

2) $9\frac{5}{14} - 3\frac{1}{6} =$ $9\frac{15}{42} - 3\frac{7}{42} =$ $6\frac{8}{42} =$ $6\frac{4}{21}$

3) $7\frac{2}{3} - 3\frac{3}{18} =$ $7\frac{12}{18} - 3\frac{3}{18} =$ $4\frac{9}{18} =$ $4\frac{1}{2}$

4) $7\frac{3}{7} - 3\frac{5}{21} =$ $7\frac{9}{21} - 3\frac{5}{21} =$ $4\frac{4}{21}$

5) $7\frac{4}{5} - 3\frac{1}{4} =$ $7\frac{16}{20} - 3\frac{5}{20} =$ $4\frac{11}{20}$

6) $7\frac{6}{48} - 3\frac{3}{24} =$ $7\frac{6}{48} - 3\frac{6}{48} =$ 4

7) $9\frac{2}{6} - 3\frac{10}{42} =$ $9\frac{14}{42} - 3\frac{10}{42} =$ $6\frac{4}{42} =$ $6\frac{2}{21}$

8) $7\frac{15}{21} - 1\frac{2}{7} =$ $7\frac{15}{21} - 1\frac{6}{21} =$ $6\frac{9}{21} =$ $6\frac{3}{7}$

9) $8\frac{12}{46} - 1\frac{5}{23} =$ $8\frac{12}{46} - 1\frac{10}{46} =$ $7\frac{2}{46} =$ $7\frac{1}{23}$

10) $9\frac{7}{45} - 4\frac{1}{15} =$ $9\frac{7}{45} - 4\frac{3}{45} =$ $5\frac{4}{45}$

57

1) $9\frac{4}{11} - 1\frac{2}{22} =$ $9\frac{8}{22} - 1\frac{2}{22} =$ $8\frac{6}{22} =$ $8\frac{3}{11}$

2) $8\frac{5}{26} - 1\frac{1}{13} =$ $8\frac{5}{26} - 1\frac{2}{26} =$ $7\frac{3}{26}$

3) $6\frac{3}{10} - 1\frac{5}{40} =$ $6\frac{12}{40} - 1\frac{5}{40} =$ $5\frac{7}{40}$

4) $9\frac{2}{3} - 3\frac{2}{4} =$ $9\frac{8}{12} - 3\frac{6}{12} =$ $6\frac{2}{12} =$ $6\frac{1}{6}$

5) $5\frac{5}{6} - 2\frac{1}{12} =$ $5\frac{10}{12} - 2\frac{1}{12} =$ $3\frac{9}{12} =$ $3\frac{3}{4}$

6) $7\frac{14}{27} - 3\frac{1}{9} =$ $7\frac{14}{27} - 3\frac{3}{27} =$ $4\frac{11}{27}$

7) $8\frac{1}{4} - 1\frac{1}{8} =$ $8\frac{2}{8} - 1\frac{1}{8} =$ $7\frac{1}{8}$

8) $6\frac{2}{4} - 4\frac{1}{6} =$ $6\frac{6}{12} - 4\frac{2}{12} =$ $2\frac{4}{12} =$ $2\frac{1}{3}$

9) $8\frac{4}{5} - 3\frac{4}{10} =$ $8\frac{8}{10} - 3\frac{4}{10} =$ $5\frac{4}{10} =$ $5\frac{2}{5}$

10) $6\frac{11}{45} - 4\frac{1}{9} =$ $6\frac{11}{45} - 4\frac{5}{45} =$ $2\frac{6}{45} =$ $2\frac{2}{15}$

58

1) $5\frac{9}{24} - 3\frac{4}{12} =$ $5\frac{9}{24} - 3\frac{8}{24} =$ $2\frac{1}{24}$

2) $5\frac{14}{23} - 1\frac{5}{46} =$ $5\frac{28}{46} - 1\frac{5}{46} =$ $4\frac{23}{46} =$ $4\frac{1}{2}$

3) $5\frac{11}{29} - 4\frac{12}{58} =$ $5\frac{22}{58} - 4\frac{12}{58} =$ $1\frac{10}{58} =$ $1\frac{5}{29}$

4) $8\frac{14}{16} - 2\frac{1}{8} =$ $8\frac{14}{16} - 2\frac{2}{16} =$ $6\frac{12}{16} =$ $6\frac{3}{4}$

5) $7\frac{14}{58} - 1\frac{1}{29} =$ $7\frac{14}{58} - 1\frac{2}{58} =$ $6\frac{12}{58} =$ $6\frac{6}{29}$

6) $5\frac{2}{6} - 3\frac{2}{10} =$ $5\frac{10}{30} - 3\frac{6}{30} =$ $2\frac{4}{30} =$ $2\frac{2}{15}$

7) $8\frac{7}{11} - 1\frac{5}{22} =$ $8\frac{14}{22} - 1\frac{5}{22} =$ $7\frac{9}{22}$

8) $6\frac{2}{3} - 2\frac{15}{48} =$ $6\frac{32}{48} - 2\frac{15}{48} =$ $4\frac{17}{48}$

9) $9\frac{7}{11} - 3\frac{13}{55} =$ $9\frac{35}{55} - 3\frac{13}{55} =$ $6\frac{22}{55} =$ $6\frac{2}{5}$

10) $7\frac{1}{4} - 3\frac{7}{28} =$ $7\frac{7}{28} - 3\frac{7}{28} =$ 4

59

1) $7\frac{1}{3} - 4\frac{2}{42} =$ $7\frac{14}{42} - 4\frac{2}{42} =$ $3\frac{12}{42} =$ $3\frac{2}{7}$

2) $5\frac{8}{16} - 3\frac{10}{32} =$ $5\frac{16}{32} - 3\frac{10}{32} =$ $2\frac{6}{32} =$ $2\frac{3}{16}$

3) $7\frac{5}{15} - 1\frac{7}{45} =$ $7\frac{15}{45} - 1\frac{7}{45} =$ $6\frac{8}{45}$

4) $6\frac{9}{26} - 4\frac{5}{52} =$ $6\frac{18}{52} - 4\frac{5}{52} =$ $2\frac{13}{52} =$ $2\frac{1}{4}$

5) $5\frac{8}{9} - 4\frac{10}{15} =$ $5\frac{40}{45} - 4\frac{30}{45} =$ $1\frac{10}{45} =$ $1\frac{2}{9}$

6) $5\frac{14}{16} - 2\frac{10}{48} =$ $5\frac{42}{48} - 2\frac{10}{48} =$ $3\frac{32}{48} =$ $3\frac{2}{3}$

7) $6\frac{8}{20} - 1\frac{5}{40} =$ $6\frac{16}{40} - 1\frac{5}{40} =$ $5\frac{11}{40}$

8) $8\frac{3}{5} - 2\frac{10}{20} =$ $8\frac{12}{20} - 2\frac{10}{20} =$ $6\frac{2}{20} =$ $6\frac{1}{10}$

9) $9\frac{13}{16} - 4\frac{5}{12} =$ $9\frac{39}{48} - 4\frac{20}{48} =$ $5\frac{19}{48}$

10) $6\frac{5}{52} - 4\frac{1}{13} =$ $6\frac{5}{52} - 4\frac{4}{52} =$ $2\frac{1}{52}$

60

1) $9\frac{3}{5} - 2\frac{6}{20} =$ $9\frac{12}{20} - 2\frac{6}{20} =$ $7\frac{6}{20} =$ $7\frac{3}{10}$

2) $7\frac{15}{20} - 3\frac{2}{4} =$ $7\frac{15}{20} - 3\frac{10}{20} =$ $4\frac{5}{20} =$ $4\frac{1}{4}$

3) $9\frac{3}{7} - 2\frac{3}{28} =$ $9\frac{12}{28} - 2\frac{3}{28} =$ $7\frac{9}{28}$

4) $8\frac{4}{5} - 4\frac{2}{3} =$ $8\frac{12}{15} - 4\frac{10}{15} =$ $4\frac{2}{15}$

5) $7\frac{7}{10} - 1\frac{1}{4} =$ $7\frac{14}{20} - 1\frac{5}{20} =$ $6\frac{9}{20}$

6) $7\frac{12}{32} - 4\frac{4}{16} =$ $7\frac{12}{32} - 4\frac{8}{32} =$ $3\frac{4}{32} =$ $3\frac{1}{8}$

7) $8\frac{2}{3} - 3\frac{10}{24} =$ $8\frac{16}{24} - 3\frac{10}{24} =$ $5\frac{6}{24} =$ $5\frac{1}{4}$

8) $5\frac{9}{27} - 3\frac{2}{6} =$ $5\frac{18}{54} - 3\frac{18}{54} =$ 2

9) $8\frac{4}{6} - 4\frac{2}{5} =$ $8\frac{20}{30} - 4\frac{12}{30} =$ $4\frac{8}{30} =$ $4\frac{4}{15}$

10) $9\frac{10}{21} - 2\frac{1}{7} =$ $9\frac{10}{21} - 2\frac{3}{21} =$ $7\frac{7}{21} =$ $7\frac{1}{3}$